Mi primera Biblia en cuadros, presentada a:

....

Por:

....

Fecha:

T0016785

....

KENNETH N. TAYLOR

Mi primera Biblia

EN CUADROS

Ilustrada por Richard y Frances Hook

Tyndale House Publishers
Carol Stream, Illinois, EE. UU.

Visite Tyndale para niños: tyndale.com/kids.

Tyndale y el logotipo de la pluma son marcas registradas de Tyndale House Ministries.

El logotipo de Tyndale Niños y el logotipo de Tyndale Kids son marcas de Tyndale House Ministries.

Mi primera Biblia en cuadros: Edición del 30 aniversario © 2022 por Kenneth N. Taylor. Todos los derechos reservados.

Originalmente publicado en inglés en 1989 como *My First Bible in Pictures* por Tyndale House Publishers, Inc. con ISBN 978-0-8423-4630-6.

Ilustraciones © 1976, 1985, 1988, 1989 por Tyndale House Publishers.

Diseño: Alberto C. Navata Jr. y Jacqueline L. Nuñez

Traducción al español: Anita Hernández

Este libro contiene más de cien bellas ilustraciones producidas por Richard y Frances Hook. Tyndale House Publishers agradece a las siguientes firmas el permiso para usar las obras de arte de los Hook:

Concordia Publishing House: Las ilustraciones de los Hook de las páginas 41, 133, 155, 167, 185, 189, 203, 221, 231 y 233 fueron tomadas de *My Good Shepherd Bible Story Book*, © 1969 por Concordia Publishing House, St. Louis, MO 63118, y usadas con permiso.

The Standard Publishing Company: Las ilustraciones de los Hook de las páginas 75 y 243 fueron tomadas de *Frances Hook Picture Book*, © 1963, 1964 por The Standard Publishing Company, Cincinnati, OH 45231, y usadas con permiso.

Otros artistas:

Ron Ferris: páginas 5, 9, 13, 17, 25, 93, 107, 113, 119, 125, 153, 219, 251.

Corbert Gauthier: páginas 35, 39, 55, 57, 67, 87, 89, 103, 115, 139, 201.

Janice Skivington Wood: página 253.

Para información sobre la fabricación de este producto, favor de llamar al 1-855-277-9400.

Para información acerca de descuentos especiales para compras al por mayor, por favor contacte a Tyndale House Publishers a través de espanol@tyndale.com.

Library of Congress Cataloging-in-Publication Data

A catalog record for this book is available from the Library of Congress.

ISBN 978-1-4964-5269-6

Impreso en China
Printed in China

28	27	26	25	24	23	22
7	6	5	4	3	2	1

Nota importante para los padres

Sus pequeños hijos pueden llevar este libro de historias bíblicas a la iglesia. No lo deje en el estante de libros durante la semana. Léalo con sus hijos en casa. Las historias e ilustraciones introducen al niño al fascinante mundo de la Biblia. Lo que siembre en su pequeña vida le hará crecer en las cosas de Dios. Estas historias enseñan acerca de Dios y de su Hijo Jesucristo, y lo que él pide para vivir en rectitud y en la verdad.

Muchas de estas historias tienen aplicaciones obvias para sus niños. Una simple pregunta les hará captar la verdad de cada historia, ayudando a grabar en la mente de sus niños los hechos más importantes.

Por muchos años yo he estado escribiendo para ayudar a los niños a crecer en la gracia de Dios. Espero que este libro, como uno de los esfuerzos finales de mi vida, cumpla su propósito en las vidas de sus niños. Que Dios bendiga a cada niño de forma especial.

Kenneth N. Taylor

DIOS CREÓ TODO EL MUNDO.

Él hizo las flores, los árboles, el agua y las estrellas. Dios hizo el sol para que tuviéramos luz durante el día. El sol nos calienta cuando estamos afuera en días soleados. ¡Gracias Dios, por hacer el sol!

¿Quién hizo el sol?

ADÁN FUE EL PRIMER HOMBRE

y Eva fue la primera mujer. Dios los hizo.
Les dio un lugar precioso para vivir
que se llamaba el jardín de Edén.
Ellos estaban muy felices. Dios también
hizo los animales. Fíjate en el elefante.

¿Dónde está la cebra?

¿Quién hizo a Adán y a Eva?

ADÁN Y EVA ESTABAN TRISTES

y arrepentidos. Ellos hicieron algo que Dios les dijo que no hicieran. Y ahora Dios los está castigando. Ellos tienen que irse de su hogar bonito en el jardín de Edén. Los ángeles no los dejarán regresar.

¿Por qué Adán y Eva se fueron de su hogar bonito?

ADÁN Y EVA TENÍAN DOS HIJOS.

Se llamaban Caín y Abel. Abel era obediente a Dios, pero Caín no obedecía a Dios. Caín estaba furioso y mató a Abel. Eso estuvo muy mal. Adán y Eva estaban muy tristes. Dios también estaba triste.

¿Cómo se llamaban los hijos de Adán y Eva?

DIOS LE DIJO A NOÉ QUE CONSTRUYERA

un barco muy grande. Lo que se llama
un arca. Los hijos de Noé le ayudan
a construirlo. El arca no está en el
agua. Pero pronto comenzará a llover
y habrá agua por todos lados.
Noé y su familia estarán a salvo en
este barco.

*¿Dónde estarán Noé y su familia
cuando comience a llover?*

NOÉ HA TERMINADO

el barco. Entonces Dios le dijo que introdujera dos animalitos y dos aves de cada especie en el barco. Hay dos jirafas, dos tigres y dos patos. Ellos estarán seguros en el arca cuando el diluvio venga.

¿Cuántos canguros hay?

Y LLOVIÓ, Y LLOVIÓ, Y LLOVIÓ...

Hasta que todo estuvo cubierto de agua.
Pero el barco de Noé está flotando
en el agua. Sí, Dios cuidó a Noé
y a su familia y a los animales en el
barco. Dios también cuidará de ti.

¿Quiénes están en el barco?

LA GENTE ESTÁ CONSTRUYENDO

una torre muy grande. Se llama
la torre de Babel. Las personas creen
que pueden construirla hasta el cielo.
Dios no quiere que construyan esta torre.
Él los detendrá. De pronto, no se entienden
los unos a los otros. Comenzaron a hablar
en diferentes idiomas.

¿Quién hizo que la gente dejara de construir la torre?

ABRAHAM ERA UN AMIGO ESPECIAL DE DIOS.

Su esposa se llamaba Sara.
Dios le ordenó a Abraham que se
fuera a vivir a otro país. Dios le
dijo que le daría una tierra para
él y para su familia en la cual vivirían
para siempre. Abraham tiene
muchos borreguitos y burros. ¿Puedes
señalarlos?

*¿Cómo se llama el hombre de nuestra
historia? ¿Cuál es el nombre de su
esposa?*

ABRAHAM Y SU ESPOSA, SARA,

estaban muy tristes porque no tenían hijos. Pero ¿quién es ese niño grande? Ahora tienen un hijo. Se llama Isaac. Ellos están contentos porque Dios contestó su oración y les dio un hijo.

¿Cómo se llama el hijo de Abraham y Sara?

CUANDO ISAAC CRECIÓ,

se casó con Rebeca y tuvieron un hijo,
y lo llamaron Jacob. Jacob estaba
muy cansado y recostó su cabeza
en una piedra y se durmió.
Tuvo un sueño en el cual
veía ángeles que subían y bajaban
del cielo. Entonces Dios le dijo
a Jacob: «Yo te cuidaré».

¿Qué soñó Jacob?

JACOB TENÍA UN HERMANO GEMELO

llamado Esaú. Cuando ellos crecieron
tuvieron una gran discusión.
Jacob se fue de su casa. Finalmente,
Jacob envió un mensaje a Esaú.
Y le dijo que esperaba que ellos
fueran amigos otra vez. Ahora ellos
están contentos de verse.

*¿Cómo se llaman los hermanos de
esta historia?*

EL ANCIANO SE LLAMA JACOB.

Tiene doce hijos. Él ama mucho a su hijo José. Jacob le regaló una túnica bonita de colores. Los hermanos de José estaban enojados porque su papá no les dio también a ellos túnicas como la de José. Ellos deberían estar contentos por José.

¿Qué regalo le dio su papá a José?

ÉXODO 2

ESTE BEBÉ
SE LLAMA MOISÉS.

La joven es una princesa. Ella encontró
al bebé en una canasta en el río.
Hombres malos querían matar al bebé.
Dios mandó a la princesa para que
encontrara al bebé Moisés y lo cuidara.

*¿Dónde encontró la princesa
al bebé Moisés?*

AHORA MOISÉS ES UN HOMBRE.

Un día vio un árbol que ardía y no
se quemaba. Dios habló con Moisés
desde el árbol. Dios le dijo:
«Ve y ayuda a mi pueblo».
Moisés tenía miedo al principio,
pero Dios le dijo: «Yo te ayudaré».

*¿Qué le dijo Dios a Moisés
que hiciera?*

EL PUEBLO DE DIOS VIVÍA EN EGIPTO.

El hombre con el látigo les exige que trabajen más duro. Ellos pedirán a Dios que los ayude. Dios enviará a Moisés para que este hombre no los siga castigando. Moisés ayudará a su pueblo.

¿Quién ayudará al pueblo de Dios?

MOISÉS LE DIJO AL FARAÓN

que dejara al pueblo de Dios salir de Egipto. El faraón dijo que no. Dios mandó muchas moscas, ranas y otras plagas para castigar a los de Egipto. Pero el faraón todavía decía que no. Finalmente, Dios le dijo que mataría al hijo mayor de cada familia.

¿Qué le dijo Moisés al faraón?

MOISÉS LE DIJO AL PUEBLO DE DIOS

que pusiera sangre arriba de sus puertas y a sus lados. Dios no mataría a nadie en su casa si veía la sangre en la puerta. La noche que esto sucedió se llama la Pascua. Al fin, el faraón dijo que dejaría ir al pueblo de Dios, y esa noche salieron.

¿Por qué hay sangre arriba de la puerta?

EL PUEBLO DE DIOS ESTÁ CAMINANDO

en medio del mar Rojo. ¿Puedes ver el
agua detenida en los dos lados?
Cuando Moisés levantó su vara, Dios
hizo que el agua se abriera.
Ahora la gente puede caminar
por tierra seca.

¿Quién hizo que el agua se abriera?

ESTA FAMILIA RECOGE

pedacitos de pan. Dios mandó pan
del cielo para que su pueblo no
tuviera hambre. Dios daba de comer
a su pueblo cada mañana.
Fíjate en la niña que está dando
gracias a Dios.

¿De dónde vino el pan?

EL PUEBLO DE DIOS TENÍA MUCHA SED,

pero no tenía agua. Dios le dijo a Moisés que golpeara una piedra con su vara. Cuando la golpeó, Dios hizo que de esa piedra saliera agua. Entonces, todos bebieron.

¿Qué pasó cuando Moisés golpeó la piedra con su vara?

MOISÉS ESTÁ ESCUCHANDO A DIOS.

Dios le está dando a Moisés diez reglas muy importantes que él quiere que su pueblo obedezca. Dios escribió estas diez reglas en dos tablas de piedra. Estas reglas se llaman los diez mandamientos.

¿Cómo se llaman las diez reglas de Dios?

¡OH, NO!

¿Qué es lo que el pueblo de Dios está haciendo? Ellos han hecho un ídolo que se parece a un becerro. Están adorando al ídolo en lugar de a Dios. Esto ha enojado y entristecido a Dios. Dios tiene que castigarlos por esto.

¿Qué están haciendo estas personas?
¿Por qué es malo?

ESTA BONITA CARPA

se llama el tabernáculo. Era la casa
de Dios en el desierto. La gente venía
a este lugar para dar gracias a Dios y orar.
La gente adoraba a Dios en el
tabernáculo. Era su iglesia.

¿Tu iglesia se parece al tabernáculo?

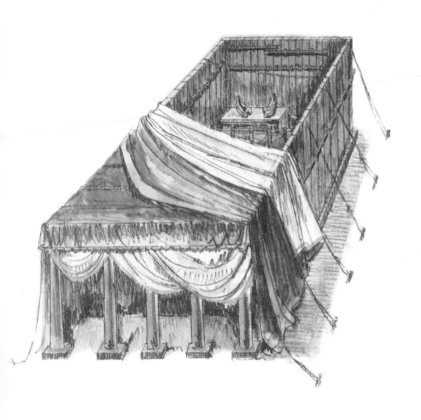

MOISÉS ESTÁ LLEVÁNDOLOS

en un largo viaje. ¿Cómo sabrá Moisés a dónde ir? Él está mirando hacia arriba para ver una nube especial que Dios les puso. Moisés y el pueblo siguen hacia donde Dios mueve la nube.

¿Quién mueve la nube?

¡MIRA LAS GRANDES UVAS QUE CARGAN

estos hombres! Estos hombres se llaman Caleb y Josué. Las uvas crecieron en la tierra que Dios prometió darle a su pueblo. Ellos están apurados por llegar a sus casas y enseñarles a sus amigos las cosas buenas que crecen en la Tierra Prometida.

¿Dónde crecieron las uvas?

UNAS SERPIENTES ESTÁN MORDIENDO

al pueblo de Dios y algunas personas han muerto. Dios le dijo a Moisés que hiciera una serpiente de bronce. Las personas que fueran mordidas por las serpientes podían mirar a la serpiente suspendida en un asta y Dios les sanaría.

¿Quién sanó a la gente?

DIOS NO QUERÍA QUE BALAAM FUERA

por este camino. Dios envió a un ángel para detenerlo. Cuando el burrito vio al ángel, se detuvo, pero Balaam golpeaba al burrito para que caminara. Entonces el burrito habló y le preguntó: ¿Por qué me pegas? Cuando Balaam vio al ángel supo por qué el burrito no caminaba.

¿Qué fue lo que dijo el burrito?

JOSUÉ ERA AHORA EL LÍDER DEL PUEBLO

de Dios. Dios le dijo que destruyera la ciudad de Jericó. Josué y el pueblo caminaron alrededor de los muros, tocaron trompetas y gritaron. Ahora los muros se están cayendo para que el pueblo pueda entrar.

¿Qué está pasando con los muros de Jericó?

GEDEÓN QUERÍA LLEVAR DIEZ MIL

hombres a pelear con los enemigos de Dios. Dios solo quería que llevara unos pocos soldados. Dios le dijo a Gedeón que escogiera solo trescientos hombres, los que tomaran el agua con sus manos. Gedeón tenía miedo de tener un ejército tan pequeño, pero Dios le dijo que le ayudaría.

¿Cuántos soldados escogió Gedeón?

SANSÓN ERA UN HOMBRE MUY FUERTE.

¡Mira como rompe las cuerdas fácilmente! Una vez él mató a un león con sus manos. En otra ocasión, derribó un palacio para castigar a los enemigos de Dios. Dios lo hizo fuerte para que ayudara al pueblo de Dios.

¿Cómo se llama este hombre?

EL HOMBRE DEL VESTIDO BLANCO

se llama Job. Él es un buen hombre que siempre trata de hacer lo que Dios dice. Entonces, Satanás le pidió a Dios que dejara que le pasaran cosas terribles a Job. Dios lo permitió para saber si Job lo amaba. Job estaba muy triste, pero amaba a Dios. Después Dios le dio a Job muchas bendiciones.

¿Job amaba siempre a Dios?

LA SEÑORA VESTIDA DE AZUL ES NOEMÍ.

Ella está triste porque su esposo e hijos murieron. Rut está tratando de ayudar a Noemí para que se sienta mejor. Ella se quedará con Noemí. Dios quiere que ayudemos a los demás. ¿Qué puedes hacer para ayudar a otros?

¿Cómo se llama la señora que está ayudando a Noemí?

ESTE NIÑITO, SAMUEL, VIVÍA

en el tabernáculo y ayudaba a Elí el sacerdote. Una noche él oyó una voz que le llamaba. Primero, pensó que era Elí. Pero era la voz de Dios. Dios tenía un mensaje para Samuel. Samuel escuchó a Dios y lo obedeció.

¿Quién estaba llamando a Samuel?

CUANDO SAMUEL CRECIÓ,

el pueblo de Dios quería un rey.
Dios no estaba contento con esto.
Él sabía que vendrían problemas.
Pero Dios escogió a Saúl para que
fuera el rey. Saúl era alto y guapo,
y Samuel le dijo a la gente: «Aquí
está su nuevo rey, obedézcanle».

¿Cómo se llamaba este rey?

DAVID ERA UN AMIGO ESPECIAL DE DIOS.

Cuando era niño, cuidaba las ovejas de su padre. ¿Puedes ver el arpa al lado de él? Él escribía canciones bonitas para decirle a Dios que lo amaba. Muchos de sus cantos están en la Biblia y se llaman Salmos.

¿Qué escribía David?

ESTE LEÓN
SE QUIERE COMER

las ovejas de David. ¿Puedes señalar al
león? ¿Dónde están las ovejas? Dios
hizo a David fuerte y valiente.
Con la ayuda de Dios, David podrá
matar al león para que no pueda
lastimar a las ovejas.

¿Podrá el león lastimar a las ovejas?

GOLIAT QUIERE DAÑAR AL PUEBLO DE DIOS

con su lanza y su espada. David está usando su honda para tirarle una piedra a Goliat. David sabe que Dios le ayudará. La piedra le pegará en la frente a Goliat y caerá muerto. El pueblo de Dios estará a salvo.

¿Quién mató a Goliat?

EL REY SAÚL TENÍA UN HIJO LLAMADO

Jonatán. David y Jonatán eran muy buenos amigos. Pero el rey Saúl quería matar a David. Jonatán ayudó a David a esconderse del rey. Jonatán sabía que tenía que obedecer a Dios y ayudar a David aunque su padre dijera que no. Tú y yo debemos obedecer a Dios siempre.

¿Quién era el amigo de David?

ES DE NOCHE, Y EL REY SAÚL DUERME.

Él ha estado buscando a David para matarlo. David ha tenido que esconderse, pero ahora ve al rey Saúl. ¿Crees que debería matar al rey? Dios no quiere que le haga daño. David obedecerá a Dios.

¿David le hizo daño al rey?

SAMUEL HA ENVEJECIDO, PERO

sigue sirviendo a Dios. Dios le dijo que ungiera la cabeza de David con aceite de oliva. Así fue como Dios hizo ver a todos que David iba a ser el próximo rey del pueblo de Dios. Dios ayudará a David a ser un buen rey.

¿Quién será el nuevo rey del pueblo de Dios?

AHORA DAVID ES EL REY DE ISRAEL.

La gran caja de oro que está detrás de él se llama el arca del pacto. Él está saltando de alegría. David ama a Dios y Dios lo ama a él. Dios también te ama a ti. Tú también deberías estar contento.

¿Por qué está tan contento el rey David?

ESTA MUJER TAN BONITA ES BETSABÉ.

El rey David hizo algo muy malo. Él mató al esposo de Betsabé para casarse con ella. Cuando David hizo eso, rompió algunas de las más importantes reglas de Dios. Esto enojó mucho a Dios y por eso castigó a David.

¿Por qué Dios estaba tan enojado con David?

ESTE ES ABSALÓN, EL HIJO DE DAVID.

Los soldados del rey lo estaban persiguiendo porque no obedeció al rey. Absalón iba en su burrito por debajo de un árbol. Su cabello se enredó en las ramas, y su burrito lo dejó allí colgado. Después, los soldados de David lo encontraron.

¿Qué pasó con el cabello de Absalón?

DAVID TIENE OTRO HIJO, LLAMADO SALOMÓN.

El siervo de Dios, Natán, está poniendo sus manos en la cabeza de Salomón para hacerlo el nuevo rey. Salomón le pidió a Dios que lo hiciera un rey sabio. Dios estaba contento con Salomón y le dio una gran sabiduría.

¿Qué le pidió Salomón a Dios?

ESTAS DOS MUJERES ESTÁN

peleándose por un bebé. Cada una
dice que es de ella. Dios hizo
a Salomón saber quién era en verdad
la madre. Entonces todos
agradecieron a Dios por darles
un rey sabio.

*¿Por qué estaban discutiendo
las mujeres?*

EL REY SALOMÓN

construyó una iglesia muy bonita
para Dios, la cual se llamó el templo.
¿Puedes verlo ahí? Él está dando
gracias a Dios. El rey está muy
contento porque está sirviendo
a Dios. Tú y yo también podemos
servir a Dios. Esto hará feliz
a Dios.

¿Qué construyó el rey Salomón?

EL REY SALOMÓN

está quebrantando una de las reglas más importantes de Dios. ¿Sabes qué mal está haciendo? Él está orando a estos animales hechos de oro. Nosotros sabemos que él solo debe orar a Dios. Dios está enojado con él y mandará muchos problemas a la vida de Salomón.

¿Qué mal hizo Salomón?

ELÍAS ES EL SIERVO DE DIOS.

Él es llamado un profeta. Elías tiene mucha hambre. Él ama a Dios, por eso Dios mandó a estos pájaros a que le trajeran comida. ¿Puedes ver el pan que le están trayendo? Dios está cuidando de él. Dios también cuida de ti.

¿Qué le trajeron los pájaros a Elías?

ELÍAS LE PIDIÓ A DIOS

que mandara fuego del cielo. ¿Puedes señalar a Elías? Él tiene sus manos levantadas a Dios. Elías está mostrando que Dios es poderoso. ¿Contestó Dios la oración de Elías? ¡Sí! ¡Mira el fuego que Dios mandó!

¿Qué mandó Dios del cielo?

¿QUÉ ESTÁ PASANDO AQUÍ?

¡Dios ha mandado caballos de fuego, y una carroza de fuego también, para llevar a Elías al cielo! Nadie lo volvió a ver. Él está en el cielo con Dios. Eliseo será el nuevo profeta.

¿De qué está hecha la carroza?

¿A dónde se llevó Dios a Elías?

ESTA SEÑORA NO TIENE MÁS

que comer que un poco de aceite de oliva en una vasija. El nuevo siervo de Dios, Eliseo, le dijo a ella que vaciara el aceite en muchas otras vasijas. ¡Ella vació y vació, pero el aceite de la vasija no se acababa! Ahora ella puede vender las vasijas de aceite de oliva y comprar comida.

¿Cómo ayudó Eliseo a la mujer?

ESTA MUJER ES AMIGA DE ELISEO.

Un día su niñito se enfermó y murió. La madre corrió en busca de Eliseo y le pidió ayuda. ¡Eliseo oró y el niño revivió! Los padres del niño estaban contentos. ¡Dios puede hacer cualquier cosa!

¿Qué le pasó al niño?

EL HOMBRE EN LA CARROZA

está enfermo. La jovencita le dijo que el siervo de Dios, Eliseo, podía curarlo. Naamán fue a buscar a Eliseo. Cuando Eliseo oró, Naamán se curó.

¿Qué le dijo la jovencita a Naamán?

¿PUEDES VER EL ÁRBOL DERRIBADO?

Estos hombres lo cortaron con un hacha. El hacha de uno de ellos cayó en el río y se hundió. Pero Eliseo, el siervo de Dios, hizo que el hacha flotara. Ahora el hombre tiene su hacha otra vez.

¿Qué pasó con el hacha de este hombre?

ESTA GENTE ESTÁ CONTENTA.

Cantan y tocan sus panderos y tambores mientras caminan hacia su iglesia. Ellos le dicen a Dios: «¡Gracias por ayudarnos!».

Tú y yo también podemos dar gracias a Dios. Podemos inclinar la cabeza, cerrar los ojos y decir: «Gracias, Dios».

¿Qué le dicen estas personas a Dios?

CUANDO EL PRÍNCIPE JOÁS ERA UN BEBÉ,

su malvada abuela lo quería matar. Su tío y su tía escondieron a Joás hasta que tuvo siete años. ¡Ahora es el rey! Los soldados se llevan a su abuela para que no haga más daño. Joás ama a Dios y es un buen rey.

¿Cuántos años tiene Joás?

ESTAS PERSONAS ESTÁN REPARANDO

el edificio de su iglesia. El rey Joás sabe que esto es bueno. La gente quiere tener un lugar donde todos puedan dar gracias a Dios por todas las cosas buenas que hace por ellos.

¿Por cuáles cosas quieres dar gracias a Dios?

JONÁS NO QUERÍA OBEDECER A DIOS.

Trató de escapar en un barco, pero Dios mandó una tormenta. Jonás fue echado al agua. Un gran pez se lo tragó. Después de tres días, el pez vomitó a Jonás en la arena. Ahora, Jonás obedecerá a Dios.

¿Qué le pasó a Jonás?

EL REY ACAZ ES UN MAL REY.

Él les está diciendo a estos hombres que claven las puertas de la iglesia y la cierren. Él no quiere que nadie entre y ore a Dios. Dios lo castigará por hacer esto. ¿Estás feliz porque no han cerrado las puertas de tu iglesia?

¿Qué pasó con las puertas de la iglesia?

MUCHOS REYES DEL PUEBLO DE DIOS

adoraban ídolos. Ellos enseñaron a la gente a adorar a los ídolos. También les pedían a los ídolos que hicieran que sus siembras crecieran. Ellos agradecían a los ídolos por la lluvia. Esto era absurdo. Ahora los hombres del rey Ezequías están rompiendo los ídolos y orarán solo a Dios.

¿Qué es lo que los hombres están rompiendo?

ESTE HOMBRE LE ESTÁ LEYENDO

las reglas de Dios al rey Josías. El rey no sabía de estas reglas. Ahora él las obedecerá y hará lo que Dios quiere. Nosotros tenemos las reglas de Dios en la Biblia. Cuando leemos la Biblia podemos obedecer a Dios y hacerlo feliz.

¿Dónde podemos encontrar las reglas de Dios?

JEREMÍAS ES UN SIERVO DE DIOS.

Él le dijo a la gente lo que Dios quería que hicieran. Algunos hombres no querían escuchar, entonces lo metieron en un hoyo hondo. Jeremías era valiente. Cuando lo sacaron, él siguió diciéndoles lo que Dios quería que ellos hicieran.

¿Cómo se llama este hombre?

LA BELLA CIUDAD DE JERUSALÉN

se está quemando. Los enemigos de Dios la incendiaron. ¿Por qué Dios les permitió hacer esto? Porque la gente de la ciudad estaba adorando a ídolos y no a Dios.

¿Qué está pasando con la bella ciudad?

DANIEL Y SUS TRES AMIGOS ESTÁN

hablando con el rey. El rey quemó la ciudad de Jerusalén donde ellos vivían. Pero ahora el rey quiere a Daniel y a sus amigos. El rey les dirá que lo ayuden a gobernar el reino.

¿Qué dirá el rey a Daniel y a sus amigos?

EL REY HIZO UNA ESTATUA ENORME

de sí mismo y dijo que todos tenían que adorarla. Pero Sadrac, Mesac y Abed-nego no adoraron la estatua. Ellos adorarán solo a Dios. El rey está furioso y dijo que los castigará. Mira el próximo dibujo y verás lo que pasó.

¿Por qué estos hombres están de pie?

EL REY ECHÓ A SADRAC, MESAC Y ABED-NEGO

al fuego porque ellos
solo adoraban a Dios. ¡Pero mira!
Dios ha mandado a su ángel para
cuidarlos. ¡El fuego no los dañó!

¿Quién está cuidándolos en el fuego?

EL REY ESTÁ ASUSTADO.

Él ve una mano grande.

La mano está escribiendo

en la pared. El rey no puede entender

las palabras, pero Dios le dice a

Daniel lo que las palabras dicen.

Dicen que el rey ha sido malo. Dios

no lo dejará ser rey por más tiempo.

¿Qué dicen las palabras en la pared?

DANIEL ORABA SOLO A DIOS.

Él no le oraría al rey. Los ayudantes del rey castigaron a Daniel, poniéndolo en un foso de leones hambrientos. Ellos pensaban que los leones se lo comerían. Pero Dios mandó a un ángel para que protegiera a Daniel. Los leones no le hicieron daño.

¿Qué le pasó a Daniel?

ESTA BELLA MUJER ES LA REINA ESTER.

Ama a Dios y es buena
con el pueblo de Dios. Ella es muy
valiente. Ester le está diciendo al
rey que ayude al pueblo de Dios.
El rey está escuchándola y hará lo
que la reina Ester le ha pedido
que haga.

¿Cómo se llama la reina?

EL TEMPLO
QUE EDIFICÓ SALOMÓN

fue destruido. Ahora la gente ha construido un nuevo y bonito templo. Es su iglesia. Todas las personas pueden venir y orar. Dios está contento con su pueblo. Él quiere que vayamos a la iglesia y lo adoremos.

¿Cómo se llama este bello edificio?

EL ÁNGEL GABRIEL LE ESTÁ DICIENDO

a María algo muy importante. ¡Él le está diciendo que ella será la madre del Hijo de Dios! ¡María está muy emocionada! Ella está feliz porque será la madre del Salvador. María llamará al bebé Jesús.

¿Qué le dijo el ángel a María?

ZACARÍAS Y ELISABET ESTÁN MUY CONTENTOS

con su bebé. Un ángel le dijo a Zacarías que iba a tener un niño y que lo llamaría Juan. Cuando Juan creció, él le dijo a la gente que Jesús iba a venir. Tú puedes hablarle a tus amigos acerca de Jesús también.

¿Cómo se llama el bebé?

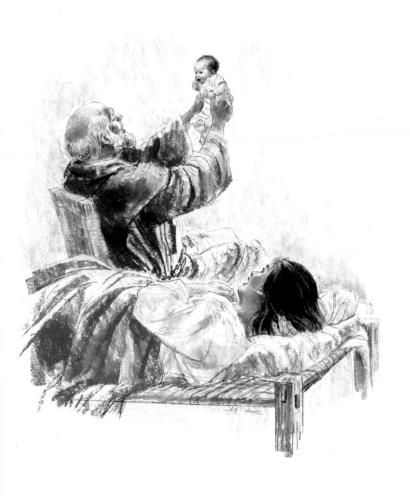

ESTE ES EL BEBÉ DE MARÍA.

¿Puedes acordarte de su nombre? ¡Es Jesús! Él es el Hijo de Dios, pero nació en un establo donde viven borregos y burritos. Él era un gran rey en el cielo antes de venir a la tierra como un bebé.

¿Dónde nació Jesús?

LOS PASTORES CUIDABAN A SUS OVEJAS

en el campo. De repente vieron a un ángel. Él les dijo que Jesús había nacido en un establo en Belén. Ahora muchos otros ángeles han llegado. Ellos están alabando a Dios porque Jesús ha venido a salvarnos.

¿Qué les dijo el ángel a los pastores?

LOS PASTORES CORRIERON A VER

al bebé. Lo encontraron en un establo, como el ángel les había dicho. María estaba abrazando a su bebé. Jesús parecía un bebé cualquiera, pero los pastores sabían que él era el Hijo de Dios. El ángel les había dicho que Jesús es el Salvador.

¿Dónde encontraron los pastores a Jesús?

SIMEÓN ES UN HOMBRE MUY VIEJO.

Él ha esperado por muchos años ver al Hijo de Dios. María y José han traído al bebé Jesús al templo. ¡Ahora Simeón está muy contento! Él está agradeciendo a Dios por este niño especial. ¡Su larga espera ha terminado!

¿A quién estaba esperando ver Simeón?

AQUÍ ESTÁN EL BEBÉ JESÚS Y SU MAMÁ,

María. Unos magos de muy lejos han llegado con regalos para Jesús. Ellos vieron una estrella que los guio hasta Jesús. Los magos saben que Jesús será muy grande e importante. Es por eso que le están trayendo regalos.

¿Por qué le trajeron regalos a Jesús?

JOSÉ LLEVA A MARÍA Y AL BEBÉ JESÚS

a un viaje largo. Están huyendo de unos hombres que quieren matar al bebé. Ellos van a Egipto. Dios está cuidando a Jesús, por eso le dijo a José que lo llevara muy lejos.

¿Por qué están ellos haciendo un viaje largo?

JESÚS Y SU FAMILIA HAN VUELTO A CASA.

Ahora Jesús es más grande.
Él es el Hijo de Dios, pero también es
hijo de María. Jesús escucha
cuidadosamente
a María y a José cuando le
enseñan. Ellos lo aman, y él los ama y
los obedece.

¿Quién era la mamá de Jesús?

JESÚS YA ES UN NIÑO GRANDE.

Él tiene doce años. Ahora está en el templo hablando con los líderes del pueblo de Dios. Jesús está escuchando lo que ellos dicen y les contesta lo que ellos le preguntan. Los líderes están admirados de sus buenas respuestas.

¿De qué están admirados los hombres?

JESÚS HA CRECIDO Y AHORA ES UN HOMBRE.

Su primo, Juan, bautizaba a la gente que amaba a Dios. Juan acaba de bautizar a Jesús en el río. El Espíritu Santo está bajando del cielo en forma de paloma. La voz de Dios desde el cielo dijo: «Jesús es mi Hijo amado».

¿Qué dijo la voz que vino del cielo?

EL HOMBRE CON LA ROPA RAYADA

es Nicodemo. Él le está preguntando a Jesús cómo llegar al cielo. Jesús le está diciendo que cualquiera que crea en el Hijo de Dios irá al cielo. ¿Sabes el nombre del Hijo de Dios? Su nombre es Jesús.

¿Qué le está preguntando el hombre a Jesús?

JESÚS HABLA CON SUS AMIGOS.

Ellos son sus discípulos.

Algunos eran pescadores, pero Jesús

les está diciendo que lo sigan.

Ellos le dirán a la gente que Dios

los ama. Tú también puedes

hablarle a la gente acerca de Jesús,

y decir que lo amas.

¿Cómo se les llama a los ayudantes de Jesús?

ESTA MUJER FUE A SACAR AGUA DEL POZO.

Jesús le dijo que él le podía darle algo mejor que agua. Él le podía dar una vida feliz con Dios. Ella creyó en Jesús y fue a decírselo a sus amigos. Ellos vinieron y también creyeron en Jesús.

¿Qué le podía dar Jesús a la mujer?

ESTOS HOMBRES HAN INTENTADO PESCAR

toda la noche. Y no pudieron recoger
ningún pez. Entonces Jesús vino
y les dijo que trataran otra vez.
Él hizo que los peces entraran en la red.
Ahora ellos tienen todos estos pescados.
Jesús es muy grande. Él puede hacer
cualquier cosa.

*¿Qué hizo Jesús que los peces
hicieran?*

JESÚS ESTÁ HABLÁNDOLE A LA GENTE

acerca de Dios. Él dice que Dios
quiere que seamos buenos con todos.
Él no quiere que peleemos o que nos
enojemos. Jesús nos dio la regla de oro:
«Haz a otros lo que quieras
que te hagan a ti».

*¿Qué puedes hacer para ayudar a
alguien?*

ESTA NIÑA ESTABA MUY ENFERMA.

Mientras su papá buscaba a Jesús, la niña murió. Jesús vino a su casa y dijo: «¡Niña, levántate!», y ella revivió. Puedes ver que ahora ella está bien. ¡Qué cosas tan maravillosas hace Jesús!

¿Qué le pasó a esta niña?

ESTE HOMBRE ESTABA CIEGO.

Cierra tus ojos ahora e imagínate que estás ciego. ¿No es maravilloso poder ver? «¿Crees que puedo darte la vista?», Jesús le preguntó al hombre. «Sí», el hombre respondió. ¡Entonces Jesús tocó sus ojos, y pudo ver!

¿Qué puedes ver cuando cierras los ojos?

JESÚS ESTABA DURMIENDO

en la barca durante una gran tormenta.
Sus amigos tenían miedo. Pensaron
que el barco se iba a hundir.
Ellos despertaron a Jesús.
«Vamos a morir», ellos gritaron. Pero
Jesús se levantó y le dijo a la
tormenta que se fuera. Y se fue.

¿Qué le dijo Jesús a la tormenta?

PEDRO ESTÁ EN EL AGUA.

¡Él necesita ayuda! Jesús va a ayudarlo.
Jesús no se está hundiendo como Pedro
porque es el Hijo de Dios. ¡Él hasta puede
caminar sobre el agua! Jesús también
te ayudará si se lo pides.

¿Podía Pedro caminar sobre el agua?

¿Podía Jesús?

LA GENTE TENÍA HAMBRE.

Un niñito le dio su almuerzo a Jesús.
Entonces Jesús hizo que alcanzara
para todos. Los ayudantes de Jesús están
repartiendo la comida a muchísima gente.
¡Jesús puede hacer cosas maravillosas
como esa!

¿Quién le dio su almuerzo a Jesús?

¿Qué hizo Jesús con él?

ESTA MUJER DA TODO SU DINERO

a la casa de Dios. Está agradecida por todo
lo que Jesús le ha dado. Ella ama a Dios
y sabe que Dios la cuidará. Dios quiere
que estemos agradecidos por todas
las cosas que nos ha dado.

*¿Por cuáles cosas puedes dar gracias
a Dios?*

JESÚS AMA A LOS NIÑOS.

Una vez unas madres trajeron sus hijos a Jesús. Los amigos de Jesús les dijeron que se fueran. Jesús dijo: «Dejen que los niños vengan a mí. ¡No los detengan!». Entonces, Jesús tomó a los niños en sus brazos y los amó. Jesús también te ama a ti.

¿Qué dijeron los amigos de Jesús?

¿Qué dijo Jesús?

EL HOMBRE EN EL SUELO

fue muy lastimado por unos ladrones.
Algunas personas lo vieron, pero
no lo ayudaron. Ahora un hombre lo
está ayudando y vendando sus heridas.
El hombre que lo ayudó se llama el
buen samaritano. Tú puedes ser un
buen samaritano por ayudar a la gente.

¿Qué está haciendo el buen samaritano?

UN DÍA, JESÚS FUE A COMER

con sus amigas María y Marta. Marta trabajaba duro para preparar la comida. Ella se enojó porque María estaba escuchando a Jesús. A Jesús le complacía que María lo escuchara. Lo que ella hacía era muy importante.

¿Quién estaba escuchando a Jesús?

UN PASTOR CUIDA A SUS OVEJITAS,

y las busca si están perdidas. Él las toma en sus brazos si se lastiman. Jesús dijo que él es como un pastor. Nosotros somos como las ovejas. Aunque no lo podemos ver, sabemos que él nos cuida.

¿Quién es nuestro Buen Pastor?

LÁZARO ERA UN AMIGO DE JESÚS.

Él murió y su cuerpo fue envuelto y puesto en un sepulcro cavado en la roca. Jesús llegó y oró. Entonces Jesús gritó: «¡Lázaro, sal de ahí!». ¡Enseguida Lázaro revivió y salió!

¿Qué le dijo Jesús a Lázaro?

DIEZ HOMBRES ESTABAN MUY ENFERMOS.

Ellos le pidieron a Jesús que los sanara, y él los sanó. Pero solamente uno regresó a agradecer a Jesús. Cuando alguien te ayude, espero que recuerdes decir: «Gracias». Y siempre recuerda darle gracias a Dios.

¿Cuántos de estos hombres dieron gracias a Jesús?

ESTE HOMBRE RICO LE PREGUNTÓ A JESÚS

cómo él podría ir al cielo.

Jesús sabía que él amaba su dinero más que a Dios. Jesús le dijo que repartiera su dinero y que diera su vida a Dios. Para ir al cielo él tenía que amar más a Dios que a su dinero.

¿Qué cosa amaba más este hombre?

ESTE PADRE ABRAZA A SU HIJO.

Su hijo se fue de la casa y acaba de regresar. ¡Él pensó que su papá no lo iba a querer más! Pero su padre está muy feliz. Dios es nuestro Padre celestial, y él se pone contento cuando acudimos a él.

¿Quién es tu Padre en los cielos?

ZAQUEO TREPÓ UN ÁRBOL PARA VER

a Jesús. Ahora Jesús está hablando con él. Jesús le está diciendo: «¡Baja enseguida! Debo hospedarme hoy en tu casa». Zaqueo está muy contento por esto. ¿Estás contento porque Jesús ha venido a tu casa?

¿Qué le dijo Jesús a Zaqueo?

JESÚS ENTRA A JERUSALÉN

montado en un burrito. La niñita está cantando acerca de cuán maravilloso es Jesús. Los papás y las mamás agitan hojas de palma para demostrar su alegría. Todos ellos quieren que Jesús sea su nuevo rey.

¿Qué está haciendo la niñita?

JESÚS LAVA LOS PIES

de uno de sus amigos. Por lo general, las personas mayores lavan sus propios pies. A ellos no les gusta lavar los pies de otras personas. Pero debemos ayudar a la gente, aunque no nos guste.

¿Puedes pensar de una vez cuando tú querías jugar, pero en vez de jugar ayudaste a tu mamá?

JESÚS ESTÁ COMIENDO CON SUS BUENOS AMIGOS

por última vez. Esta ocasión se llama la Última Cena. Él les ha dicho que pronto Judas traerá a los soldados y se lo llevarán. Entonces, él va a morir. Jesús murió para ser nuestro Salvador.

¿Quiénes se llevarán a Jesús?

210

JESÚS ESTÁ ORANDO.

Él sabe que pronto morirá por nuestros pecados. Le está pidiendo a Dios que lo ayude. Él está dispuesto a morir si Dios lo quiere así. Tú y yo deberíamos ser como Jesús. Siempre deberíamos hacer lo que Dios quiere que hagamos.

¿Qué está haciendo Jesús?

AHORA ALGO MUY TRISTE ESTÁ PASANDO.

Judas y los soldados han llegado para llevarse a Jesús. Todos los amigos de Jesús huyeron porque tenían miedo. Ellos no trataron de ayudarlo.

¿Qué hicieron los amigos de Jesús?

PEDRO ES UNO DE LOS AMIGOS DE JESÚS

que huyeron cuando los soldados llegaron. Ahora Pedro está diciendo una mentira. Él dice que no conoce a Jesús. Tiene miedo de que la gente le haga daño por ser amigo de Jesús. Nunca tengas miedo de decirle a la gente que amas a Jesús.

¿Por qué Pedro dijo una mentira?

LOS SOLDADOS HAN LLEVADO A JESÚS

a un hombre que se llama Pilato. Pilato puede decirles que dejen ir a Jesús. Pero Pilato tiene miedo de decirlo. Él tiene miedo de que la gente no lo quiera si deja ir a Jesús. Entonces dijo: «Jesús debe morir».

¿Por qué Pilato tenía miedo de dejar ir a Jesús?

ESTÁN MATANDO A JESÚS.

Él está muriendo en una cruz. ¿Por qué lo matan? ¿Él ha hecho algo malo? ¡No! Él muere por todas las cosas malas que tú y yo hemos hecho. Jesús está dejando que Dios lo castigue por nuestros pecados.

¿Por qué murió Jesús?

CUANDO JESÚS MURIÓ,

sus amigos pusieron su cuerpo en una tumba

Ahora es la mañana de Resurrección.

Dos mujeres están mirando adentro de

la tumba. ¡Pero el cuerpo de Jesús no

está ahí! ¡Dios resucitó a Jesús y éste

salió! ¡Jesús está vivo otra vez!

¿Está Jesús todavía en la tumba?

DESPUÉS DE QUE JESÚS RESUCITÓ, HABLÓ

con sus amigos. ¡Pero ellos no sabían que era Jesús! Ellos estaban muy tristes porque pensaban que Jesús estaba muerto. ¡De repente se dieron cuenta de que era Jesús! ¡Qué contentos se pusieron al saber que Jesús había resucitado!

¿Por qué los amigos de Jesús estaban tristes?

¡MIRA LO QUE ESTÁ PASANDO!

¡Jesús sube al cielo! ¡Él regresa otra vez al cielo, donde está su Padre! Él se despide de sus amigos. Pero dijo que regresaría. Entonces ellos estarán siempre con él. Nosotros también estaremos con él.

¿A dónde se está yendo Jesús?

SEMANAS DESPUÉS DE QUE JESÚS SE FUE

al cielo, él mandó al Espíritu Santo para que viviera en nuestros corazones. Todos los amigos de Jesús estaban juntos. De repente, ellos vieron pequeñas lenguas de fuego sobre sus cabezas. ¿Puedes señalarlas? ¡Entonces los amigos de Jesús empezaron a hablar en otros idiomas que nunca habían aprendido!

¿Qué estaba sobre sus cabezas?

ESTE HOMBRE NUNCA HABÍA PODIDO

caminar. Ni cuando era chiquito.
Pero ahora puedes verlo saltar de
felicidad. ¿Qué ha pasado? ¡Los amigos
de Jesús, Pedro y Juan, le dijeron
a su enfermedad que se fuera! El
Espíritu Santo les dio ese poder.

¿Qué hicieron Pedro y Juan?

EL HOMBRE ARRODILLADO

en el pasto es Esteban. Él les dijo a todos que solamente Jesús podía perdonar sus pecados. Él no paraba de decirles cuán maravilloso es Jesús. Esto enojó a la gente. Ellos le lanzaron piedras hasta que murió y fue al cielo con Jesús.

¿Por qué la gente estaba enojada?

DIOS ENVIÓ

a su amigo Felipe a que hablara
con el hombre en la carroza.
Felipe le está hablando de Dios. El
hombre quiere ser amigo de Dios.
Felipe le dice que puede ser amigo de
Dios si cree en Jesús. Tú también
puedes ser amigo de Dios.

¿Qué le dijo Felipe al hombre?

PABLO ERA ENEMIGO DE JESÚS.

Él le iba a hacer daño y matar a las personas que creían en Jesús. De repente apareció una luz muy brillante y Pablo cayó del caballo. Jesús le habló desde el cielo. Después de eso Pablo comenzó a decirles a todos que Jesús es el Hijo de Dios.

¿Quién le habló a Pablo desde el cielo?

PEDRO ESTÁ EN LA CÁRCEL POR DECIRLE

a la gente que Jesús los ama y que murió por ellos. Dios mandó a un ángel para que ayudara a Pedro. ¡El ángel hizo que las cadenas que tenía en las manos y en los pies se soltaran! Las puertas de la cárcel estaban cerradas, pero el ángel las abrió sin ninguna llave, y Pedro salió.

¿Qué pasó con las cadenas de Pedro?

LA ABUELITA DE TIMOTEO LE ESTÁ

leyendo una historia de la Biblia. Cuando él crezca le hablará a mucha gente acerca de la Biblia y de Jesús. La Biblia es el libro que Dios nos dio. Nos dice que Dios nos ama mucho.

¿Tienes tu propia Biblia?

¿TE ACUERDAS DE PABLO?

Ahora es amigo de Dios. Él está comenzando un largo viaje en este barco. Va a otro país. Él le dirá a la gente que Jesús los ama. Pablo era un misionero. Tal vez un día tú serás un misionero.

¿A dónde va Pablo?

PABLO Y SILAS ESTÁN EN LA CÁRCEL.

Ellos están ahí porque le hablaron a mucha gente acerca de Jesús. Pero Dios rescató a sus amigos. Él envió un gran terremoto, y sus cadenas se soltaron. Las puertas de la cárcel estaban cerradas, ¡pero se abrieron!

¿Cómo rescató Dios a Pablo y a Silas?

PABLO ESTABA EN UN BARCO

en medio de una gran tormenta. El barco se hundió, pero Dios cuidó a Pablo y a todos los que iban en el barco. Todos ellos nadaron hasta la orilla. Dios no quería que Pablo muriera todavía porque quería que él fuera un misionero. Dios quería que Pablo les hablara a todos de Jesús.

¿Qué pasó con el barco?

HECHOS 28

PABLO ESTÁ EN LA CÁRCEL OTRA VEZ.

Él ha estado ahí por muchísimo tiempo. Esta vez Dios no mandó un terremoto para sacarlo. Dios todavía lo amaba, igual que siempre, pero no lo rescató. A veces, Dios permite que nosotros tengamos problemas también. Pero él nos ama siempre.

¿Dónde está Pablo?

UNO DE LOS MEJORES AMIGOS DE JESÚS

era Juan. Cuando Juan era viejo, tuvo una gran visión, o sueño, acerca del cielo. En su visión, él vio a Jesús en el cielo. Juan escribió lo que vio. Su libro se llama Apocalipsis. Está en la Biblia.

¿Quién vio el cielo en una visión?

Acerca del autor

KENNETH N. TAYLOR es mejor conocido como el traductor de la *Living Bible* (Biblia Viva), pero primero se dio a conocer como escritor de libros para niños. Ken y su esposa, Margaret, tienen diez hijos, y sus primeros libros fueron escritos para el uso diario en sus devocionales familiares. ¡Los manuscritos estaban listos para publicarse solo cuando pasaran el escrutinio de los diez «pequeños críticos»! Esos libros, los cuales han sido leídos por dos generaciones de niños alrededor del mundo, incluyen *La Biblia en cuadros para niños* (Editorial Moody), *Meditaciones para niños* (Editorial Portavoz), *Historias de la Biblia al día*, *Grandes ideas para los niños* y *Pasos gigantes para los niños* (Editorial Unilit). Ahora los hijos de Taylor son todos adultos, así que *Mi primera Biblia en cuadros* fue escrita pensando en sus numerosos nietos.

Acerca de los artistas

RICHARD Y FRANCES HOOK han producido algunas de las mejores ilustraciones de historias bíblicas de este siglo. Su estilo ha llegado a ser una norma para otros ilustradores contemporáneos. Los Hook trabajaron en equipo. Richard dibujaba los hombres y las escenas, y Frances dibujaba las mujeres y los niños. Ellos ilustraron veintenas de historias bíblicas en el lapso de sus vidas. Tyndale hizo arreglos con Concordia y Standard para reimprimir los dibujos de los Hook en este libro, pero para algunas de las historias de *Mi primera Biblia en cuadros* no fue posible obtener ilustraciones de los Hook. Para cubrir esos vacíos se contrató a otros tres artistas para producir ilustraciones que se ajustaran al estilo de Richard y Frances Hook.